NOTICE

SUR

L'ACADÉMIE MILITAIRE

DE BRÉDA

PAR

ED. DE LA BARRE DUPARCQ

Chef de bataillon du génie,
Directeur des études à l'École impériale militaire de Saint-Cyr

———

PARIS

CH. TANERA, ÉDITEUR

LIBRAIRIE POUR L'ART MILITAIRE, LES SCIENCES ET LES ARTS

Rue de Savoie, 6

———

1863

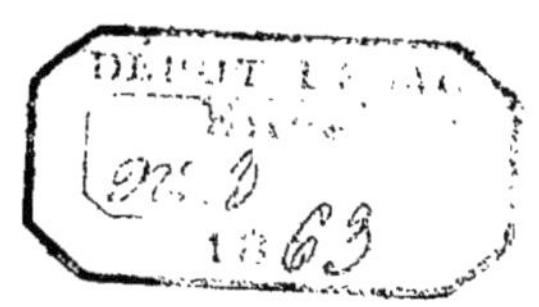

NOTICE

SUR

L'ACADÉMIE MILITAIRE

DE BRÉDA

NOTICE

SUR

L'ACADÉMIE MILITAIRE

DE BRÉDA

PAR

ÉD. DE LA BARRE DUPARCQ

Chef de bataillon du génie
Directeur des études à l'École impériale militaire de Saint-Cyr

————◇————

PARIS

CH. TANERA, ÉDITEUR

LIBRAIRIE POUR L'ART MILITAIRE, LES SCIENCES ET LES ARTS

Rue de Savoie, 6

———

1863

Droits de reproduction et de traduction réservés

AVANT-PROPOS

—

Ayant eu occasion de recueillir divers renseignements sur l'Académie militaire de Bréda, je les réunis sous forme de notice, parce que cet établissement offre dans son organisation et son enseignement, par rapport aux Écoles militaires de la France, des différences utiles à mettre en lumière.

ÉD. DE LA BARRE DUPARCQ.

24 septembre 1862.

NOTICE

SUR

L'ACADÉMIE MILITAIRE

DE BRÉDA

Il paraît singulier au premier abord de voir les Pays-Bas conserver leur École militaire la plus essentielle, celle qui forme tous les officiers de l'armée de terre de ce pays, dans une place forte limitrophe, à 10 kilomètres de la frontière belge, c'est-à-dire dans une situation qu'il faudrait évacuer en cas de guerre ; mais l'Académie militaire ne se trouve sise à Bréda qu'à titre provisoire depuis 1831 ; seulement c'est un provisoire qui peut durer par raison d'économie (1) ; avant 1831 la position de Bréda s'explique,

---

(1) Dans le cas où l'Académie militaire serait déplacée, Haarlem, située au centre du royaume des Pays-Bas, entre Amsterdam, sa capitale, et la Haye, siége de son gouvernement, Haarlem, disons-nous, aurait des chances pour la recevoir dans son sein.

car cette ville se trouvait à peu près au centre de la monarchie des Pays-Bas, telle que l'avaient constituée les traités de 1815.

L'Académie militaire de Bréda, fondée en 1828, forme des officiers pour toutes les armes ; aussi garde-t-elle ses élèves *quatre ans*, temps employé également en France pour former un officier d'artillerie, d'état-major ou du génie. Le bénéfice est ici, par rapport à nos usages, pour les *cadets* (c'est le terme officiel) qui se destinent à l'infanterie et à la cavalerie, car ils font, sinon les mêmes études que les cadets classés dans l'artillerie ou le génie, au moins des études durant aussi quatre années.

Dans chacune des quatre armes, il existe à Bréda deux sections : l'une comprend les cadets qui se destinent au service de leur arme *à l'intérieur* des Pays-Bas, et dans les guerres continentales qui pourraient survenir ; l'autre comprend les cadets qui se dévouent au service *dans les colonies*, principalement aux Indes orientales, où il reste encore à la Hollande une lutte à entretenir contre plusieurs millions d'indigènes (1) non soumis. L'enseignement varie dans

(1) Notamment dans ces dernières années à Bornéo ; il faut aussi soutenir des luttes à Sumatra : quant à Java, elle est aujourd'hui entièrement soumise. Les indigènes de ces trois îles appartiennent à la race malaise.

chaque section; ainsi, les cadets à destination des
colonies apprennent tous, et en plus, la langue anglaise, la langue malaise (1) et la géographie orientale.

On entre à l'Académie de Bréda de quinze à dix-
huit ans. Chacune des années d'études commence
le 1ᵉʳ septembre, les vacances ayant lieu du 15 juillet
au 1ᵉʳ septembre (2), et il suffit pour se trouver dans
la limite de l'âge d'admission de ne pas avoir atteint
dix-huit ans le 1ᵉʳ septembre de l'année où l'on
entre.

Les cadets de l'Académie ne sont pas soldats au
début; mais, au bout de deux années d'études, ils
doivent prendre l'engagement de servir *dix ans*
comme officiers, et signer une déclaration servant à
constater qu'ils connaissent l'extrait des lois pénales
militaires (*Krijgs-artikelen*); à compter de cette
époque ils sont entièrement militaires. Avant cette
mesure, qui n'est pas ancienne, la plupart des cadets,
sortis comme officiers dans l'artillerie et le génie,
profitaient de l'instruction qu'ils avaient puisée à
Bréda aux frais de l'État pour se jeter dans l'indus-
trie et y réaliser des bénéfices.

(1) On a renoncé à l'enseignement de la langue javanaise, en
pensant qu'une fois officiers, les cadets, grâce à leurs connaissances en langue usuelle ou malaise, l'apprendraient facilement.
(2) *Reglement (12 maart 1862) voor de koninklijke militaire
Academie*, Breda, 1862, artikel 119.

Il sort de l'Académie environ soixante à soixante-dix cadets par an ; néanmoins les promotions annuelles sont un peu plus fortes à l'entrée, parce qu'il y a des cadets qui, pour insuffisance d'instruction, redoublent une ou deux de leurs années d'études et l'on peut évaluer l'effectif total de l'Académie à 310 ou 320 cadets.

Le général-major, *gouverneur* de l'Académie, a pour premier aide dans ses fonctions le *commandant* de l'Académie, officier supérieur chargé de la direction des études et du commandement en second, comme nous dirions en France. Le gouverneur loge en dehors de l'Académie, mais fort près de son entrée, dans ce qu'on appelle le palais du gouvernement ; le commandant habite l'Académie.

L'Académie se trouve installée dans le Kasteel, sis à la partie gauche du côté nord du quadrilatère formé par les fortifications de la place. Ce château, dont la construction fut commencée en 1536, par Henri, comte de Nassau, seigneur de Bréda, est un bâtiment de forme presque carrée, achevé en 1696 par le statdhouder Guillaume III (1). Pour l'installation de l'Académie, il a été agrandi par le prolongement

----

(1) Les princes d'Orange ont conservé jusqu'en 1795, en qualité de seigneurs de Bréda, la propriété du Kasteel et de ses dépendances.

des faces septentrionale et méridionale qui forment saillie. L'intérieur de l'ouvrage fortifié qui comprend le Kasteel est assez vaste (1) pour pouvoir servir de champ d'exercices et de lieu de promenade et de jeux ; des arbres rompent son aspect triste et monotone. Quand on pénètre dans le Kasteel, vu de la cour carrée et entourée d'arcades qui en forme le centre, il paraît petit, mais il contient d'assez vastes emplacements, et, complété par deux ou trois bâtiments accessoires construits dans la même enceinte, il suffit aux nécessités de la grande école qui l'occupe ; le manége et ses dépendances se trouvent seuls, comme l'hôtel du gouverneur, en dehors de l'enceinte de l'Académie, mais à sa porte.

Les amphithéâtres, généralement placés au rézde-chaussée, ont de petites dimensions et ne peuvent contenir que de trente à cinquante cadets ; une contenance plus considérable serait inutile : car, en raison des huit destinations diverses qui existent à l'Académie et des quatre années d'études imposées à chacune de ces huit destinations, il n'y a pas plus de 40 cadets en moyenne occupés à suivre un même cours. En outre, on rejette les grandes classes à

---

(1) Cet espace, à peu près carré, mesure environ 210 mètres de côté, non compris l'intérieur d'un bastion avec lequel il communique. Le fossé de la face gauche de ce bastion longe la rivière *la Merk*. De cette face on voit la station du chemin de fer qui se trouve à une faible distance.

l'Académie, à cause de la conviction où l'on est que les résultats de l'instruction deviennent moins avantageux du moment que le nombre des élèves dépasse vingt à vingt-cinq, surtout quand les professeurs, comme c'est ici le cas, exercent en même temps les fonctions de répétiteur : cette raison fait partager les classes, trop nombreuses pour un professeur, en deux divisions ayant chacune un professeur. Les amphithéâtres ne sont pas simplement garnis de gradins, mais bien de tables et de bancs, ce qui facilite pour les cadets, installés plus commodément, l'audition du cours et la prise des notes.

Chaque étude ne comporte pas plus de soixante cadets, lesquels s'y trouvent convenablement espacés. Les armoires destinées à ranger les livres sont situées dans des corridors extérieurs et fermées à clef : une armoire contient quatre planches et sert pour quatre cadets. Les études occupent le premier étage.

Au deuxième étage s'étendent les dortoirs, tous planchéiés, plafonnés, larges et beaux. Chaque cadet a son lit, composé, par exemple, d'un seul matelas reposant sur une toile formant sangle et d'un traversin rond. Les lits sont espacés à deux mètres au moins de distance l'un de l'autre. Entre deux lits se trouve d'un côté une table avec cuvette et tout ce qu'il faut pour se laver : deux cadets se nettoyent sur la même table. Le dortoir contient, de l'autre côté

entre les lits et en face des tables, une armoire destinée aux effets : chaque cadet en possède une de la
dimension d'une petite commode. Cette installation
est confortable, bien entendue et ne sent pas la
caserne.

Les cadets, devant consacrer tout leur temps à
l'étude ou aux exercices militaires, ne font pas leur
lit et ne cirent pas leurs chaussures; ils ne nettoyent
leurs effets que cinq fois par semaine, étant remplacés
les autres jours pour ces soins par des domestiques
chargés également de faire les lits et d'entretenir la
chaussure. A cet égard, il existe près des dortoirs
de longs corridors avec fenêtres, garnis partout d'une
table et de porte-manteaux où les domestiques de
l'Académie nettoyent, et cela même par le mauvais
temps, les effets d'habillement et les chaussures des
cadets.

Deux salles de récréation permettent aux cadets
de prendre de la distraction par les jours pluvieux
ou froids, et sont pourvues de tables pour les jeux
de dames et d'échecs. L'une d'elles, très-ornée de
portraits de guerriers néerlandais, forme une espèce
de musée ; on y voit des tableaux représentant les
plus brillants faits d'armes exécutés par les officiers
hollandais contre les indigènes des colonies de la
Malaisie, et quelques autres scènes militaires comme
l'acte de dévouement du lieutenant de frégate van

Speik qui se fit sauter en 1831, à l'embouchure de
l'Escaut, devant Anvers ; on y voit également, dans
une armoire à glaces, le drapeau d'honneur offert
par la ville de Bréda à l'Académie militaire, à l'occasion du jubilé des vingt-cinq années écoulées
depuis sa fondation. C'est dans cette salle que les
cadets donnent quelquefois des concerts auxquels le
public n'est pas admis, mais que viennent entendre
la plupart des officiers attachés à l'Académie. L'autre
salle de récréation sert de fumoir ; sise dans la cour,
à gauche de la porte d'entrée, dans un bâtiment
contigu à l'infirmerie, elle forme le seul endroit où
il soit permis de fumer, et uniquement à l'heure des
récréations. Sur l'esplanade du Kasteel, il existe des
jeux de boule et de bagues.

La salle des conseils, dont les dimensions sont
modestes, se trouve ornée du portrait du général
premier gouverneur et du colonel du génie, premier
commandant après le rétablissement de l'Académie
en 1836 (1). Cet hommage rendu aux deux fondateurs

____

(1) A la suite des événements de 1831, l'Académie fut supprimée
temporairement, situation qui se prolongea jusqu'en 1836 ; pendant cette suppression, les officiers d'infanterie, de cavalerie et
d'artillerie se formaient dans les régiments de ces armés, et les
officiers du génie à l'Institut pour la marine, alors établi à
Medemblick, petite ville de la Hollande septentrionale, sur le
Zuyderzée, et placé aujourd'hui à Villemsoord, près du Helder.
Depuis, l'Académie de Bréda a formé momentanément des officiers
pour l'armée de mer.

de l'établissement constitue une idée heureuse.
Ladite salle occupe le rez-de-chaussée comme le
réfectoire et les cuisines.

Tous les cadets tiennent à la fois dans le réfectoire,
malgré son exiguité. Dans cette salle à colonnes se
prennent les deux grands repas, l'un, le plus fort,
à deux heures et demie, l'autre, le soir, à neuf
heures ; deux autres fois par jour (1), les cadets man-
gent quelque chose ; ils ont de la bière à discrétion
aux deux repas principaux, mais ne reçoivent pas
de café le matin.

Il existe un gymnase couvert à l'une des extré-
mités de l'esplanade.

La salle des modèles et le musée d'artillerie méri-
tent d'être visités.

Le manége est situé, comme nous l'avons dit, à
l'extérieur de l'enceinte fermée qui contient le Kasteel. Il est petit, et surtout d'une faible longueur,
mais il suffit pour les soixante chevaux qui y sont
employés. Sa charpente, à la Philibert Delorme,
paraît excessivement massive en ce temps des sveltes
charpentes en fer qui servent à la couverture des
gares de nos chemins de fer. Ce manége ne s'éclaire
pas le soir ; on évite à dessein les leçons données

(1) Le matin à sept heures et demie et à onze heures.

dans la soirée, et toutes se prennent de sept heures et demie à deux heures.

Après ces détails sur l'installation matérielle, abordons ce qui concerne l'enseignement.

L'enseignement le plus étendu de tous ceux donnés à l'Académie militaire de Bréda s'applique évidemment aux armes de l'artillerie et du génie. En effet, tandis que les cadets destinés à l'infanterie et à la cavalerie n'apprennent en artillerie et en fortification que les notions nécessaires à ces armes (1), les cadets désignés pour l'artillerie et le génie doivent apprendre ces sciences en détail, et même les sciences préparatoires à leurs études, telles que les hautes mathématiques, la statique, l'hydraulique, etc.

Entrer dans l'explication entière des matières professées à chaque arme nous entraînerait trop loin, et d'ailleurs le tableau de ces matières se retrouvera en abrégé dans celui du temps accordé par semaine à l'enseignement, pendant chacune des quatre années passées à l'Académie par un cadet.

Indiquons ce *temps* (2), très-propre à faire connaître le fonctionnement intérieur de l'établissement d'instruction militaire auquel ces pages sont consacrées.

(1) *Reglement (12 maart 1862)*, artikel 80.

(2) Il reste entendu que dans nos indications nous n'avons pas la prétention d'aller au delà d'un calcul approximatif.

PREMIÈRE ANNÉE D'ÉTUDES

COURS	HEURES DE LEÇONS PAR SEMAINE				OBSERVATIONS
	INFANTERIE ET CAVALERIE		ARTILLERIE ET GÉNIE		
	pour l'intérieur	pour les colonies	pour l'intérieur	pour les colonies	
Mathématiques...........	10	10	10	10	
Règlements..............	2	2	2	2	
Histoire.................	2	2	2	2	
Géographie.............	2	2	2	2	
Langue hollandaise.......	2	2	2	2	
Langue française (a).......	2	»	2	»	(a) Le français est exigé à l'admission de tous les cadets.
Langue allemande,.......	2	»	2	»	
Langue anglaise..........	»	2	»	2	
Langue malaise..........	»	3	»	3	
Dessin linéaire...........	8	8	9 1/4	9 1/4	
Dessin d'imitation...	6 1/4	6 1/4	6 1/4	6 1/4	
Gymnase...............	2 1/4	2 1/4	2 1/4	2 1/4	
Escrime................	2 1/4	2 1/4	2 1/4	2 1/4	
Danse..............	2	2	2	2	

DEUXIÈME ANNÉE D'ÉTUDES

COURS	HEURES DE LEÇONS PAR SEMAINE				OBSERVATIONS
	INFANTERIE ET CAVALERIE		ARTILLERIE ET GÉNIE		
	pour l'intérieur	pour les colonies	pour l'intérieur	pour les colonies	
Mathématiques...........	11 1/2	11 1/2	11 1/2	11 1/2	
Physique...............	3 1/2	3 1/2	3 1/2	3 1/2	
Histoire naturelle........	»	1	»	1	
Règlements d'infanterie...	2 1/2	2 1/2	2 1/2	2 1/2	
Règlements d'artillerie ou du génie..............	»	»	2 1/4	2 1/4	
Tactique................	2	2	2	2	
Architecture civile (a)....	»	»	1 1/4	1 1/4	(a) Pour les cadets du génie seulement.
Histoire................	2 1/2	2 1/2	2 1/2	2 1/2	
Géographie.	2 1/2	»	2 1/2	»	
Langue hollandaise.......	2	2	2	2	
Langue française........	2	»	2	»	
Langue allemande........	2	»	2	»	
Langue anglaise.........	»	2	»	2	
Langue malaise..........	»	3 1/4	»	3 1/4	
Dessin linéaire..........	6 1/2	6 1/2	8 1/2	8 1/2	
Dessin d'imitation........	6 1/4	6 1/4	6 1/4	6 1/4	
Gymnase...............	1	1	1	1	
Escrime................	1 1/4	1 1/4	1 1/4	1 1/4	
Équitation (b)...........	2 1/2	2 1/2	2 1/2	2 1/2	(b) Pour les cadets de cavalerie et d'artillerie seulement.

TROISIÈME ANNÉE D'ÉTUDES

COURS	HEURES DE LEÇONS PAR SEMAINE				OBSERVATIONS
	INFANTERIE ET CAVALERIE		ARTILLERIE ET GÉNIE		
	pour l'intérieur	pour les colonies	pour l'intérieur	pour les colonies	
Mathématiques............	4 1/2	4 1/2	7 1/4	7 1/4	
Physique........	3 3/4	3 3/4	3 3/4	3 3/4	
Histoire naturelle........	»	2 1/4	»	2 1/4	(a) Pour les cadets de cavalerie seulement.
Hippologie (a)............	2 1/2	2 1/2	»	»	
Équitation théorique (b)...	1	1	1	1	(b) Pour les cadets de cavalerie et d'artillerie seulement.
Règlements..	3 3/4	3 3/4	2 1/2	2 1/2	
Tactique...............	2 1/4	2 1/4	2 1/4	2 1/4	(c) Ce chiffre est une moyenne : 6 heures pour les cadets d'artillerie ; 2 heures 1/4 pour ceux du génie.
Artillerie...............	2 1/4	2 1/4	4 1/8 (c)	4 1/8 (c)	
Fortification............	2 1/4	2 1/4	2 1/4	2 1/4	
Géodésie........... ..	2 1/4	2 1/4	2 1/4	2 1/4	(d) Pour les cadets du génie seulement.
Architecture (c).....	»	»	5	5	
Architect^re hydraulique (d)	»	»	1	1	(e) Pour les cadets d'infanterie seulement.
Histoire...............	2 1/4	2 1/4	2 1/4	2 1/4	
Géographie orientale......	»	2	»	2	
Langue hollandaise.......	1 1/4	1 1/4	1 1/4	1 1/4	
Langue française........	2	»	2	»	
Langue anglaise...	»	1	»	1	
Langue malaise..........	»	2	»	2	
Dessin linéaire....	de 5 1/4 à 9 1/2.				
Dessin d'imitation........	4	7	4	7	
Gymnase (e)............	2	1	»	»	
Escrime.	2	2	1	1	
Équitation......	2 1/2	2 1/2	2 1/2	2 1/2	

QUATRIÈME ANNÉE D'ÉTUDES

COURS	HEURES DE LEÇONS PAR SEMAINE				OBSERVATIONS
	INFANTERIE ET CAVALERIE		ARTILLERIE ET GÉNIE		
	pour l'intérieur	pour les colonies	pour l'intérieur	pour les colonies	
Mathématiques..........	4 1/2	4 1/2	8	8	
Chimie............. ...	»	»	3 3/4	3 3/4	(a) Pour les cadets d'infanterie des colonies seulement.
Histoire naturelle	»	2 1/2 (a)	»	»	(b) Pour les cadets de cavalerie et d'artillerie seulement.
Hippologie (b).......	2 1/2	2 1/2	1 1/4	1 1/4	(b') Pour les cadets de cavalerie seulement.
Équitation théorique (b')..	2 1/2	2 1/2	»	»	
Règlements.............	3 3/4 (c)	3 3/4 (c)	1 1/2 (d)	1 1/2 (d)	(c) Ce chiffre est une moyenne : 5 heures pour l'infanterie ; 2 heures 1/2 pour la cavalerie.
Administration..........	1	1	1	1	
Législation militaire......	1	1	1	1	(d) Ce chiffre est une moyenne : 2 heures pour l'artillerie ; 1 heure pour le génie.
Tactique...............	5 1/4 (e)	5 1/4 (e)	2	2	
Stratégie.	»	2	»	2	(e) Ce chiffre est une moyenne : 7 heures 1/4 pour l'infanterie ; 3 heures 1/4 pour la cavalerie.
Artillerie...............	2	2	8 3/4 (f)	8 3/4 (f)	
Fortification...........	1	1	2 3/8 (g)	2 3/8 (g)	(f) Pour les cadets de l'artillerie seulement.
Géodésie...............	»	1 1/4	1 1/4 (h)	1 1/4 (h)	
Architecture......... ...	»	»	3 3/4 (h)	3 3/4 (h)	(g) Ce chiffre est une moyenne : 1 heure pour l'artillerie ; 3 heures 3/4 pour le génie.
Architecture hydraulique.	»	»	2 3/4 (h)	2 1/4 (h)	
Histoire...............	2 1/2	2 1/2	2 1/2	2 1/2	(h) Pour les cadets du génie seulement.
Géographie orientale.....	»	2	»	2	
Langue française........	1 1/4	»	1 1/4	»	(i) Ce chiffre est une moyenne : 7 heures 1/2 pour la cavalerie ; 2 heures 1/2 pour l'infanterie.
Langue malaise.........	»	2	»	2	
Dessin linéaire........ ..	de 5 1/4 à 8 1/2.				
Dessin d'imitation........	de 4 à 7.				
Escrime.....	2 1/2	2 1/2	2 1/2	2 1/2	
Équitation.............	5 (i)	5 (i)	2 1/2	2 1/2	

Les cours indiqués dans les tableaux qui précèdent se partagent en six catégories, ayant chacune un chef. Il existe quatre catégories militaires, une par arme, savoir :

1° L'infanterie,

2° La cavalerie,

3° L'artillerie,

4° Le génie,

dirigées chacune par un capitaine de l'arme (1), et deux catégories civiles, savoir :

5° Les sciences mathématiques et physiques,

6° Les cours littéraires,

dirigées chacune par un professeur civil. Le dessin occupe en outre trois professeurs.

Chaque capitaine chef d'arme ou de catégorie et chaque professeur civil chef de catégorie, indépendamment des cours qu'il professe lui-même, a charge d'inspecter les cours ressortissant à sa spécialité.

Le nombre total des professeurs militaires ou civils monte à quarante. Chaque professeur doit de neuf heures et quart à vingt heures et quart de

(1) Le capitaine van der Hoeven est chef de l'arme du génie et professe la fortification.

leçons par semaines. Naturellement, les chefs d'arme ou de catégorie sont les moins chargés comme heures de leçons, à cause de l'inspection qu'ils exercent sur d'autres cours.

Afin d'aider les cadets à suivre les leçons qui leur sont professées, on délivre à chacun d'eux et par cours un manuel de trois cents à quatre cents pages, petit in-8°, livre d'instruction édité par l'Académie et dû à un professeur ou à un ancien professeur (1). Ce livre ne les dispense ni de prendre des notes, ni de répondre sur les développements particuliers que le professeur donne oralement.

Il existe de ces manuels pour l'enseignement des langues comme pour tout autre enseignement, par exemple : un *Manuel de langue et de littérature françaises*, par M. Brand Eschauzier, un *Manuel de langue et de littérature malaises*, par M. le docteur de Hollander, un *Manuel de langue anglaise* par M. Farncombe Sanders, et un *Manuel de langue et de littérature allemandes* par M. le doc-

---

(1) Par exemple, MM. les généraux van Mulken et van Overstraten et MM. les colonels van Kerkwijk et Kuijck ont donné, comme officiers généraux ou supérieurs, de nouvelles éditions de leurs manuels, qu'ils avaient composés étant à l'Académie capitaines d'armes et professeurs. Le gouverneur de l'Académie a le droit d'imposer à un professeur quelconque la tâche de rédiger un manuel relatif à son enseignement dans l'Académie, s'il juge cette rédaction nécessaire.

leur Weiffenbach. On enseigne donc quatre langues
vivantes à l'Académie militaire de Bréda, et chaque
cadet en apprend au moins deux : ceux des colonies
en savent trois, puisque, outre le français exigé
pour l'admission, on leur montre encore l'anglais et
le malais. C'est, il faut l'avouer, un excellent résultat,
et même, en tenant compte de l'aptitude des Hollandais pour apprendre les langues (1), on aurait peine
à se l'expliquer si l'on ne réfléchissait que l'on a entièrement renoncé dans les Pays-Bas, pour les jeunes
gens qui embrassent la carrière des armes, à l'étude
du latin et du grec.

En dehors des professeurs, il y a peu d'officiers
employés à l'Académie militaire de Bréda. La raison en est simple. Dans cette Académie, les chefs
d'armes commandent les compagnies de cadets et
ont ainsi à s'occuper du service intérieur (2), ce qui
est une grande simplification et donne plus d'unité
à l'action de ces officiers. Les cadets sont, en effet,
organisés en compagnies avec des sergents et capo-

(1) Pendant la réunion de la Hollande à la France, sous Napoléon Ier, les officiers hollandais, sachant presque tous l'allemand
et le français, ont été souvent appelés, par ce motif, comme
aides de camp auprès des maréchaux et des généraux, ce qui les
a mis dans des positions avantageuses et favorables aux progrès
de leur carrière.

(2) Il existe à ce sujet l'instruction intitulée : *Voorschrift op de
inwendige Dienst bij de Koninklijke militaire Akademie*,
1862.

raux choisis parmi eux (1), mais sans former un bataillon constitué et sans avoir un drapeau remis par le chef de l'État comme c'est le cas, en France, pour notre école de Saint-Cyr.

On peut citer jusqu'à neuf officiers qui ne sont pas professeurs, savoir : le gouverneur, le commandant, l'adjudant-major, l'aide de camp du gouverneur et les cinq officiers qui secondent ce dernier. L'adjudant-major, du grade de capitaine, a pour fonctions de diriger les exercices (2) d'infanterie et l'instruction de détail; il exerce en outre la surveillance immédiate sur les cadets, et tout ce qui concerne la police et le service intérieur lui est confié.

Le commandant se fait en outre aider à tour de rôle par un des officiers qui secondent l'adjudant-major (*officieren van politie*).

Plusieurs sous-officiers, casernés dans un bâtiment à part, près du gymnase, servent de moniteurs pour la gymnastique et pour d'autres exercices. Conjoin-

____

(1) Ces sergents et caporaux sont guidés dans leurs fonctions par le cahier imprimé portant ce titre : *Voorschriften voor de Kadet-sergeanten et korporaals.*

(2) La direction imprimée à cette partie de l'instruction des élèves paraît bonne. Ce point est d'autant plus important que l'armée hollandaise se trouve au courant des plus récentes innovations en fait de manœuvres et exécute souvent de petites guerres prestement conduites, notamment aux environs de La Haye.

tement avec les officiers de semaine, ils surveillent les cadets dans toutes les parties du service, pendant les repas, les récréations, etc.

Les leçons d'équitation, plus nombreuses pour les cadets qui se destinent à la cavalerie et à l'artillerie que pour ceux des deux autres armes, se donnent toutes dans le manége dont nous avons parlé, sous la direction du capitaine et des officiers de cavalerie attachés à l'Académie : elles atteignent pour les cadets de cavalerie, pendant leur quatrième année d'études, c'est-à-dire pendant la troisième année où ils se livrent à l'exercice du cheval, la durée de sept heures et demie par semaine, ce qui est loin d'être exagéré.

Il existe à l'Académie militaire de Bréda une échelle de notation différente de celle adoptée en France et qui s'applique aux exercices comme aux cours. Au lieu de noter de 0 à 20, ce dernier chiffre représentant le maximum, on note de 40 à 100 : dans ce système, la note 40 correspond à notre 0, la note 70 à notre 10, la note 100 à notre 20, c'est-à-dire à la meilleure réponse possible. Quand un cadet obtient la note 80 pendant toute l'année dans une matière, il est dispensé d'examen final sur cette matière, excepté lorsqu'il s'agit de la quatrième année d'études, et par conséquent de la sortie de l'Académie, de l'obtention des épaulettes de sous-lieutenant (1). On conçoit qu'avec des notes toutes aussi élevées comme chiffre, et même avec des coefficients faibles attribués à chaque matière, le nombre total des points mérités par chaque cadet soit considérable à chaque classement mensuel ou de fin d'année : en effet, il atteint comme maximum près de mille cinq cents pour les cadets destinés à l'artillerie des colonies, section d'arme qui comprend le plus de connaissances exigées.

Les cours de l'Académie finissent au commencement de mai.

Les cadets passent leur examens devant un conseil institué à cet effet (*raad van examen*) sous la présidence du commandant de l'Académie ; les résultats de ces examens sont soumis au conseil de surveillance (*raad van toezigt*), présidé par le gouverneur (2). Le conseil de surveillance décide, pour les cadets de la première, de la seconde et de la troisième année d'études, s'il y a lieu de les faire passer dans une classe supérieure ; pour ceux de la quatrième année, lorsqu'ils ont subi l'examen de sortie, il établit des tableaux par ordre de mérite de ceux qu'il juge aptes et qu'il propose pour l'obtention du

______

(1) En Hollande, comme dans la plupart des pays étrangers, les officiers de tout grade portent deux épaulettes ; certaines variantes distinguent les grades qui ont la même espèce d'épaulettes.

(2) L'aide de camp du gouverneur remplit les fonctions de secrétaire, tant au conseil de surveillance qu'au conseil d'examen.

grade de sous-lieutenant. Ces tableaux se dressent par arme et par section (chaque arme comprenant, comme nous l'avons déjà dit, deux sections : une pour le service à l'intérieur, l'autre pour le service dans les colonies). Lors de l'inspection annuelle de l'Académie, qui a lieu dans la dernière quinzaine de mai, on présente les tableaux susdits à la *commission spéciale d'inspection de l'instruction militaire*, laquelle examine, suivant qu'elle le juge nécessaire, les connaissances théoriques et pratiques des candidats et on déduit des observations qu'elle transmet au ministre de la guerre, en lui faisant l'envoi de ces mêmes tableaux.

Cette commission spéciale d'inspection a également pour mission d'examiner la marche de toutes les branches de l'instruction théorique et pratique, de juger de l'ensemble de l'institution, d'apprécier le personnel des employés militaires et civils, etc.

Elle se compose de cinq membres et d'un secrétaire nommés par le roi, savoir :

Le chef du corps de l'état-major général, M. le lieutenant général baron *Nepveu*, président ;

L'inspecteur général de l'infanterie, M. le lieutenant général *Duijcker* ;

L'inspecteur général de l'artillerie, M. le lieutenant général *Daneels van Wijkhuijse* ;

Un général sortant de l'arme de la cavalerie, M. le général-major *van der Duijn van Maasdam* (1);

Un colonel du génie, inspecteur des fortifications (2), M. le colonel *van Kerkwijk*;

Un officier de l'état-major général, M. le major *Rodi de Loo*, secrétaire.

Il nous faut mentionner un privilége de l'Académie : celui de fabriquer, outre ses cours, les règlements et les instructions officielles de toutes les armes (3). Divers intérêts particuliers s'opposèrent à l'origine à la réalisation de ce privilége, qui se trouve entièrement dans l'intérêt de l'armée, puisque l'Académie ne livre nécessairement que des imprimés d'une exécution parfaite et les livre au plus bas prix possible. Aujourd'hui les manuels des différents cours, ainsi que les règlements et instructions concernant chaque arme, sont fournis directement par l'Académie aux officiers qui lui en adressent la

---

(1) Cet officier général commande la première division militaire. Les Pays-Bas comprennent sept divisions militaires, à la tête de chacune desquelles se trouve un général-major chargé du commandement des troupes de toutes armes y stationnées et du commandement territorial.

(2) Les fortifications des Pays-Bas sont partagées en deux inspections : le chef de l'une d'elles peut être général-major, ce qui n'a pas lieu aujourd'hui. L'inspecteur de la première inspection des fortifications exerce en même temps les fonctions d'inspecteur des troupes du génie, qui se composent d'un seul bataillon de sapeurs et mineurs.

(3) Une imprimerie de Bréda, aujourd'hui la maison Broese et Cie, les imprime pour le compte de l'Académie.

demande, en sorte que l'Académie de Bréda, berceau de la science militaire, en reste le centre et le propagateur.

Le catalogue des livres publiés par l'Académie (1) est assez nombreux. Nous remarquons : 1° parmi ceux consacrés aux sciences mathématiques :

Éléments de mécanique pour les cadets de l'artillerie et du génie, par M. Delprat, ancien élève de l'École polytechnique (promotion d'octobre 1810) et officier du génie, aujourd'hui général-major en retraite, auteur connu d'un *Mémoire sur les progrès de l'attaque et de la défense des places depuis le siége de Bois-le-Duc en 1629*, et d'une *Théorie de la poussée des terres contre les murs de revêtement*, traduite en français en 1846.

Éléments de géométrie pour les cadets de toutes armes, par M. Badon-Ghijben.

Éléments de calcul différentiel et intégral pour les cadets de l'artillerie et du génie, par le même.

Géodésie pour les cadets de toutes armes, par M. le colonel van Kerkwijk, 4° édition, 1860.

2° Parmi ceux relatifs à l'enseignement historique :

Manuel pour l'étude de l'histoire moderne pour

_____

(1) Tous sont écrits en hollandais.

les cadets de toutes armes, par M. le docteur VAN HEUSDEN.

3° Parmi ceux consacrés à la science militaire :

Manuel d'art militaire pour les cadets de toutes armes, par M. le général-major VAN MULKEN, 2e édition, 1860.

L'Art de la fortification pour les cadets de toutes armes, par M. le colonel VAN KERKWIJK, 4e édition, 1854.

Manuel de fortification pour les cadets de l'artillerie et du génie, par le même, 1846.

Manuel pour l'étude de l'administration militaire pour les cadets de toutes armes, par M. BOERS, 5e édition, 1856.

L'Académie publie aussi quelques ouvrages en dehors de ceux nécessaires à ses cours, mais en fort petit nombre, par exemple : une *Histoire des guerres européennes depuis 1792*, par M. BROUWER ; une traduction du *Traité de la guerre* de CLAUSEWITZ ; une traduction de *l'Idéal de la stratégie*, par le général prussien DE LOSSAU, et plusieurs cartes, notamment une carte générale du centre de l'Europe (1).

---

(1) La carte générale du royaume des Pays-Bas, par le corps d'état-major, est exécutée à La Haye par les soins du ministère de la guerre : comme c'est l'usage à l'étranger, elle est gravée sur pierre.

On travaille sérieusement à l'Académie de Bréda,
et il le faut, puisqu'elle correspond à la fois à notre
École de Saint-Cyr, à notre École polytechnique et
à nos Écoles de Metz et d'État-major, ce qui revient
à répéter qu'elle forme des officiers pour les armes
spéciales comme pour l'infanterie et la cavalerie.
Ces deux dernières armes gagnent évidemment au
contact, et l'on peut dire avec justice que les officiers
hollandais possèdent, dans tous les corps, une instruction étendue et solide (1). Ce résultat fait honneur
à la direction imprimée à l'Académie, honneur qui
revient légitimement au ministre de la guerre, M. le
colonel Blanken, au gouverneur, M. le général van
Overstraten, et au commandant, M. le lieutenant-
colonel Kuijck. Ces deux derniers officiers sortent de
l'arme de l'artillerie et ont composé ensemble le
Manuel pour la connaissance de l'artillerie à l'usage
des cadets de cette arme. Le général van Overstraten
est en outre l'auteur du *Manuel d'artillerie* pour les
cadets de toutes armes, et des *Éléments de mécanique* destinés aux cadets d'infanterie et de cavalerie.
Avant d'être gouverneur de l'Académie, il en a été
le commandant, et auparavant il avait exercé durant
plusieurs années, et avec talent, les fonctions de
professeur.

(1) En Hollande, le corps d'état-major général se recrute parmi
les officiers de toutes armes qui montrent de l'aptitude pour ce
service.

ÉVREUX, A. HÉRISSEY, IMP. — 1262.

NOTICE

RAISONNÉE ET CRITIQUE

DES OUVRAGES

HISTORIQUES ET MILITAIRES

DU COMMANDANT

ED. DE LA BARRE DUPARCQ

Directeur des études à l'École de Saint-Cyr
Correspondant de l'Académie d'histoire de Madrid et de l'Académie des sciences
de Palerme
Membre de l'Académie des Arcades, etc.

—➤•◄—

PARIS

CH. TANERA, ÉDITEUR

LIBRAIRIE POUR L'ART MILITAIRE, LES SCIENCES ET LES ARTS
Rue de Savoie, 6

—

1863

OUVRAGES HISTORIQUES ET MILITAIRES

DU COMMANDANT

ÉD. DE LA BARRE DUPARCQ

1º OUVRAGES ORIGINAUX;

2º OUVRAGES TRADUITS DE L'ALLEMAND;

3º OUVRAGES TRADUITS DE L'ESPAGNOL.

NOTA. Outre les journaux cités dans cette *Notice* comme ayant rendu compte de l'un des ouvrages de l'auteur, le lecteur est prié de recourir aux articles suivants qui traitent de ces ouvrages considérés dans leur ensemble, parce que cet ensemble constate le mieux son mérite littéraire :

1º Delle Opere et degli scritti militari del capitano Edoardo de la Barre Duparcq, professore d'arte militare alla Scuola imperiale di Saint-Cyr. — Article de M. le professeur *G. B. Crollalanza* (auteur de la *Storia militare di Francia*) inséré au nº du 10 mai 1857, vol. V, cahier nº 9, de l'*Enciclopedia contemporanea* de Fano et tiré à part à 30 exemplaires.

2º Dictionnaire des Contemporains, par M. *Vapereau*, 1858 ou 1861. Paris, chez Hachette, au mot DE LA BARRE DUPARCQ.

3º Nouvelle Biographie générale, publiée par MM. Firmin Didot, au mot LA BARRE DUPARCQ. — Article de M. Regnard.

4º Notice sur M. Édouard de la Barre Duparcq, par M. *Guyot de Fère*, dans son ouvrage intitulé : *Biographie et Dictionnaire des littérateurs et des savants contemporains*, tirée à part à 30 exemplaires (1860).

5º Des Travaux du capitaine La Barre Duparcq sur l'art militaire, par *Luigi Blanch*, 1 feuille in-8º, Paris, 1860. — Article extrait du journal *Il Diorama* de Naples, et traduit de l'italien par le capitaine *Richard*, alors répétiteur du cours d'art militaire à l'École de Saint-Cyr.

6º Aperçu biographique sur le capitaine Édouard de la Barre Duparcq, en tête de la traduction italienne des *Portraits militaires d'Eugène de Savoie et de Montecuccoli*, publiée en 1860, à Narni, par M. le comte *Ortensio Catucci*. — Cet *Aperçu biographique*, traduit de l'italien, a été imprimé en français à Paris, en 1860, en une feuille in 8º, chez Martinet, et tiré à 200 exemplaires, avec portrait.

7º Les deux articles intitulés : **Il Cavaliere Edoardo de la Barre Duparcq**, insérés dans les nºˢ du 20 juin et du 2 juillet 1861 de *La Guardia nazionale del Regno*, journal qui paraît à Florence.

NOTICE

DES OUVRAGES

DU COMMANDANT

ÉD. DE LA BARRE DUPARCQ

---

1. OUVRAGES ORIGINAUX

1. Mémoire sur la formation de l'armée française depuis son origine jusqu'à nos temps, par Éd. DE LA BARRE DUPARCQ. 1 volume in-8°. (*En préparation.*)

Ce mémoire, sur le rapport de M. *Guizot*, a été classé le premier par l'Académie des sciences morales et politiques, au concours ouvert par elle sur ce sujet pour 1859. (Séance du 11 février 1860.)

2. Parallélisme des progrès de la civilisation et de l'art militaire, par Éd. DE LA BARRE DUPARCQ. Mémoire lu à l'Académie des sciences morales et politiques. Brochure in-8°, 1861, avec portrait.   2 fr. 50 c.

En voyant son *Mémoire sur la formation de l'armée française* distingué par l'Académie des sciences morales et politiques, l'auteur, encouragé, a cru devoir diriger ses travaux sur les rapports de l'art militaire avec l'état social. Il a eu l'honneur de lire son nouveau mémoire devant la même Académie, pendant les séances des 29 septembre, 13 et 20 octobre 1860.

Dans le compte rendu qu'elle a consacré à ce travail, la *Gazette de littérature militaire* de Berlin le déclare à sa connaissance entièrement neuf et souhaite à l'auteur l'aveu et la reconnaissance dus à son mérite.

Consultez : *Spectateur militaire,* avril 1861; — *l'Année littéraire* de M. Vapereau pour 1860, p. 375; — *Gazette de littérature militaire de Berlin,* 1861, p. 463 à 468.

3. L'Art des indices, particulièrement à la guerre, par Éd. DE LA BARRE DUPARCQ. Mémoire lu à l'Académie des sciences morales et politiques (séances des 19 octobre et 30 novembre 1861). Brochure in-8º, 1862, avec portrait........................... **1 fr.**

« Tous les grands hommes de guerre, écrit à l'auteur un officier général, ont su apprécier les *indices*; mais vous êtes, je crois, le premier des savants écrivains militaires qui ait pensé à les réduire en art, à en faire un traité non-seulement qui en démontre l'importance, mais qui aide à l'acquérir. »

Consultez : *Moniteur universel,* 11 décembre 1861 (article de M. Ch. Vergé); — *Moniteur de l'armée,* 11 août 1862 (article de M. Garreau); — *Revue militaire suisse,* septembre 1862; — *Feuille littéraire pour la Gazette militaire universelle* de Darmstadt, 8 novembre 1862.

4. Hannibal en Italie, par Éd. DE LA BARRE DUPARCQ, Mémoire lu à l'Académie des sciences morales et politiques (séances des 11 et 18 octobre et 8 novembre 1862). Brochure in-8º, 1863.................... **1 fr. 50 c.**

5. Histoire de l'Art de la guerre avant l'usage de la poudre, par Éd. DE LA BARRE DUPARCQ, capitaine du génie, professeur d'art militaire de l'Ecole de Saint-Cyr, correspondant de l'Académie d'histoire de Madrid. 1 volume in-8º, 1860.................... **7 fr. 50 c.**

Ce curieux et savant travail achèvera d'établir la réputation de l'auteur dont il met au jour les qualités mûries. M. de la Barre Duparcq s'était déjà occupé de l'art de la guerre avant la période moderne (voyez les nᵒˢ 16 et 26 de cette *Notice*); mais il n'avait jamais déployé autant d'érudition ni fait preuve d'une semblable justesse d'appréciations. La lecture du livre que nous annonçons fera vivement désirer que l'auteur puisse un jour en donner la suite, c'est-à-dire qu'il puisse terminer et publier l'*Histoire de l'art de la guerre depuis l'usage de la poudre.*

Consultez : *Revue critique des livres nouveaux* de Genève, nᵒ d'octobre 1860.

6. Éléments d'art et d'histoire militaires, comprenant le précis des institutions militaires de la France, l'histoire et la tactique des armes isolées, la combinaison des armes, les petites opérations de la guerre et plusieurs annexes, par Éd. DE LA BARRE DUPARCQ, capitaine du génie, professeur d'art militaire à l'Ecole impériale de Saint-Cyr, 1 beau volume in-8° de 491 pages avec 81 figures, 1858. . . . . 12 fr.

Les *Éléments d'art et d'histoire militaires* forment le texte des leçons données à l'école de Saint-Cyr par M. de la Barre Duparcq : ils se distinguent, comme se distinguait son enseignement oral, par la clarté qui fait comprendre et le talent d'exposition qui intéresse et fait retenir.

Consultez : *the Military Spectator* de Londres, n°⁵ des 3 et 24 avril 1858; — le *Spectateur militaire* de Paris, cahier du 15 avril 1858 (article du colonel de Colonjon); — *Revue critique des livres nouveaux* de Genève, n° d'avril 1858; — la *Gazette de littérature militaire* de Berlin, 1858, 3° cahier, p. 212; — le *Journal des sciences militaires*, juin 1858 (article de M. J. Paulet); — l'*Année littéraire* de M. Vapereau, publiée en 1859.

7. Histoire militaire de la Prusse avant 1756, ou *Introduction à la guerre de Sept-Ans,* par le capitaine Éd. DE LA BARRE DUPARCQ, professeur d'art militaire à l'École de Saint-Cyr, membre de l'Académie des Arcades. 1 volume in-8° avec 6 plans de bataille, 1858.   7 fr. 50 c.

Ce tableau des débuts de l'histoire de Prusse a été fort goûté. Il existe une liaison intime entre ce travail de M. de la Barre Duparcq et ses *Études historiques et militaires sur la Prusse.* (Voyez le n° 10 de cette *Notice.*) M. le colonel de Colonjon a dit que l'*Histoire militaire de la Prusse* était « écrite avec la sûreté de coup d'œil, l'abondance de pensées, la verve et la chaleur qui distinguent les œuvres de M. de la Barre Duparcq. » (*Spectateur militaire,* janvier 1859.)

8. Opinions et Maximes de Frédéric le Grand, recueillies, annotées et précédées d'une introduction par Édouard DE LA BARRE DUPARCQ, auteur des *Études sur la Prusse,* traducteur de plusieurs ouvrages allemands et espagnols, membre des Académies de Montevarchi, Sezze et Monteleone, ancien élève de l'École polytechnique, ancien élève reçu à l'externat de l'École des mines de Paris et à l'École navale. Brochure grand in-18 de 126 pages, 1857........................... **2 fr.**

Ce recueil, appelé dans l'introduction : « une espèce de statue intellectuelle, » présente les avantages suivants :

1° Il est subdivisé en maximes militaires, maximes politiques, maximes philosophiques, maximes religieuses, maximes littéraires, maximes scientifiques : chacun peut donc, suivant ses goûts, ses tendances, se borner à la lecture de telle ou telle partie ;

2° Les opinions ou maximes sont numérotées suivant une seule série, ce qui facilite les recherches et les citations ;

3° Une table alphabétique précède le recueil et renvoie presque toujours pour un même mot à plusieurs opinions ou maximes ;

4° Chaque opinion ou maxime se trouve accompagnée de la citation de l'ouvrage dont elle est tirée et autant que possible de sa date d'émission ;

5° Le recueil est imprimé avec soin, dans un format portatif et sur papier *collé*, ce qui permet les annotations.

Malgré son peu d'étendue apparente, ce recueil, imprimé en caractères compacts, est très-complet : il convient aux littérateurs de toutes les nations.

Les *Feuilles pour l'art et la science militaires*, rédigées à Darmstadt par M. le capitaine *Fr. Scholl* (n° du 1er déc. 1857), le recommandent aux officiers allemands, tout en regrettant qu'il n'ait pas été terminé d'après l'édition officielle des œuvres du grand Frédéric, à peine achevée en 1857. Ce journal commence son compte rendu par cet alinéa : « Le nom du capitaine de la Barre Duparcq nous est connu depuis dix ans au plus, et dans ce court espace de temps nous lui avons vu développer une fécondité littéraire presque sans exemple (*beispiellos*), soit comme collaborateur assidu des journaux militaires français, soit plutôt comme traducteur d'importants ouvrages allemands et espagnols et comme auteur de nombreux écrits originaux. Nous connaissons de lui neuf traductions en français, dont plusieurs étendues, par exemple celle des *Principes de la grande guerre* de l'archiduc Charles, et cinq grands ouvrages originaux, parmi lesquels nous citerons pour leur vrai mérite les *Études sur la Prusse* traduites en allemand, et en outre un nombre assez considérable de brochures et d'articles variés. L'accueil fait par la critique à cette riche activité littéraire a placé l'auteur dans un rang honorable parmi les écrivains militaires. »

Consultez, sur les *Opinions et maximes de Frédéric le Grand*, les journaux suivants : — le *Spectateur militaire* de Londres, n° du 25 décembre 1857 ; — la *Nouvelle Gazette militaire* de Darmstadt, n°s des 19 et 22 décembre 1857 ; — la *Revue critique des livres nouveaux* de Genève, n° de février 1858 ; — la *Gazette de littérature militaire* de Berlin, 2e cahier de 1858, p. 282 (sous une forme plaisante, cet article critique vivement le recueil et oppose le *grand* Édouard au *petit* Frédéric).

9. Portraits militaires, Esquisses historiques et stratégiques, par Éd. DE LA BARRE DUPARCQ, capitaine du génie, professeur d'art militaire à l'Ecole de Saint-Cyr. 3 volumes in-8°, 1853-1855-1861........ 22 fr. 50 c.

Portraits du tome premier : Gustave-Adolphe, la Tour-d'Auvergne, du Guesclin, Frédéric, Vauban, Moncey, duc d'Albe, Turenne, la Noue, Souvarof, du Mouriez, Catinat, Wellington, Masséna.

Portraits du tome second : Jules César, Bayard, Condé, Seydlitz, Guibert, Ney, Washington, Jeanne d'Arc, Vendôme, Ibrahim-Pacha, Villars, Desaix, Charles XII, Lannes.

Portraits du tome troisième : Eugène de Savoie, Montluc, archiduc Charles, saint Louis, Montecuccoli, Crillon, Maurice de Nassau, Hoche, Sobieski, Luxembourg, Marlborough, Suchet.

Dans cet ouvrage, M. *de la Barre Duparcq* ne cherche point à constituer un corps de doctrine militaire, mais à raviver le culte de la gloire par le narré de nobles carrières, tout en exposant, chemin faisant, les principes essentiels de la tactique et de la stratégie. Il offre une suite d'esquisses donnant tout ce qu'il est utile de connaître sur la vie des grands généraux, véritables réductions des nombreuses publications faites sur eux aux diverses époques et dans des idiomes différents. Son travail intéresse à la fois l'homme du monde, le militaire, quiconque étudie et travaille, quiconque aime la gloire.

En France, à l'étranger, les journaux s'accordent assez généralement sur l'impartialité des jugements de l'auteur. — M. *Cuvillier-Fleury* affirme, dans le *Journal des Débats* (8 janvier 1854), que l'on sent dans ce livre, « à la gravité rapide des réflexions et à la saine raison qui inspire le commentaire, la voix et l'autorité d'un maître habile. » — « Les portraits militaires, écrit M. le général comte *de la Tour du Pin,* dans le *Messager de la Manche* (n°s des

6

16 et 19 janvier 1856), contiennent une multitude de faits variés, instructifs, intéressants, dont plusieurs n'étaient connus que d'un très-petit nombre d'hommes instruits. C'est une œuvre morale, généreuse, patriotique; elle doit être encouragée par les honnêtes gens. » — Le 2e volume des *Portraits militaires*, dit M. le colonel A. *Charlier* [1] dans le no du 15 février 1856 du *Spectateur militaire*, « fait dignement suite au premier. L'auteur a dû se livrer à de nombreuses recherches pour recueillir et coordonner les documents nécessaires à l'accomplissement de son œuvre. Cette œuvre nous paraît aussi méritoire sous le rapport du style que par l'érudition et les connaissances variées qu'elle dénote chez le studieux et habile écrivain dont elle émane. »

M. *Sainte-Beuve*, on le sait, aime à s'appuyer de l'autorité de l'auteur des *Portraits militaires*, quand il prend à parti, dans ses intéressants articles, les hommes illustres qui ont tenu l'épée.

Rappelons aussi l'opinion de M. *Paul Féval* sur le 1er volume : « Impossible de trouver des études plus complètes, non-seulement sous le rapport stratégique, mais encore au point de vue de l'histoire et même de la couleur privée. M. *de la Barre Duparcq* est un véritable érudit qui sait mettre en œuvre avec art les matériaux qu'il a péniblement rassemblés. Son livre lui assure un rang distingué parmi nos historiens, et une des premières places auprès du général Jomini parmi nos écrivains militaires. » (*Assemblée nationale* du 24 mai 1854.)

Les portraits d'Eugène de Savoie et de Montecuccoli ont été, dès leur première apparition, fidèlement traduits en italien par M. le comte *Ortensio Catucci*, et publiés à Narni, en 1860, en un volume in-16, avec des détails biographiques sur l'auteur et avec son portrait.

Consultez sur les *Portraits militaires* : — *Gazette des Tribunaux*, 27 avril 1853 ; — *Revue progressive*, 16 août 1853 ; — *Gazette militaire universelle* de Darmstadt, 1853, no 112 ; — *Gazette navale et militaire* de Londres, 23 juillet 1853 ; — *Spectateur militaire hollandais* de Bréda, août 1853 ; — *Gazette de littérature militaire* de Berlin, 1853. p. 418, et 1856, p. 159 ; — *Spectateur militaire*, janvier 1854 ; — *Ami du soldat autrichien* de Vienne, 26 avril 1854 ; — *Messager de la Manche*, 26 novembre, 10, 17, 24 décembre 1853, et 9, 12, 16, 19 jan-

---

1 Du 90e régiment de ligne. Cet officier supérieur, qui alliait à une glorieuse carrière les talents de l'écrivain militaire, a succombé à cinq blessures mortelles reçues dans la bataille de Magenta (1859), en pénétrant, à la tête des siens, au milieu du village de ce nom.

vier 1856 ; — *Revue des Deux-Mondes,* 15 novembre 1855 ; — *Journal d'Avranches,* 6 janvier 1856 ; — *Musée des sciences et de littérature de Naples,* 1re année, vol. II, p. 283 à 307 (article de M. Luigi Blanch) ; — *Moniteur universel,* 2 décembre 1856.

10. Études historiques et militaires sur la Prusse, par Éd. DE LA BARRE DUPARCQ. 2 volumes in-8°, 1854-1856 .... **12 fr.**

Études du tome premier : Observations sur le caractère du prince Henri de Prusse, frère de Frédéric le Grand ; le Grand Électeur ; Frédéric le Grand ; l'Infanterie prussienne sous Frédéric le Grand ; Seydlitz et la cavalerie prussienne ; Organisations successives de l'armée prussienne depuis son origine jusqu'à nos jours ; Réflexions sur l'armée prussienne ; Notice sur les ordres militaires ; les Tribunaux d'honneur ; la Fortification prussienne au xix° siècle ; Note sur les journaux militaires.

Études du tome second : De plusieurs pamphlets relatifs à la conquête de la Silésie ; l'Administration militaire ; l'Oder ; le Roi Frédéric-Guillaume II ; les Articles de guerre ; Particularités relatives à la justice militaire ; Détails historiques sur l'artillerie prussienne ; Officiers français au service de Prusse ; la Guerre d'un an (1778-1779) ; Eclaircissements sur l'Académie des Nobles ; Médailles de 1704 ; Opinions de Warnery ; les Frontières ; Note sur la campagne de 1787 en Hollande ; Maupertuisiana.

L'auteur de ce travail cherche à faire connaître, au moyen de tableaux isolés, mais se rattachant par une pensée commune, l'origine, les progrès et les tendances de ce royaume de Prusse qui commande l'Allemagne du nord.

Le meilleur éloge à faire de son livre consiste à rappeler qu'il a obtenu, dès son apparition, l'honneur d'être traduit en allemand par un capitaine prussien, M. le baron *de Reinhard,* qui le déclare « écrit avec une parfaite connaissance du sujet », et lui trouve « le cachet particulier de présenter toujours pour la Prusse un point de vue comparatif avec les institutions françaises ».

Le *Correspondant de Hambourg* (supplément au n° du 17 mai 1854) regarde les *Études sur la Prusse* « comme le livre du devoir, comme un produit du patriotisme français. L'auteur, dit ce journal, se représente une guerre entre la France et la Prusse, et il cherche à préparer la victoire à l'armée de son pays. C'est dans ce but unique qu'il écrit son livre, brièvement, raisonnablement, d'une manière entièrement militaire, sans arrière-pensée et avec une critique virile. »

D'après la *Gazette militaire universelle* de Darmstadt (n° du 18 juillet 1854), « il est intéressant d'y trouver la Prusse et son armée envisagées au point de vue français, surtout par un homme qui a déjà conquis un nom par son instruction variée et son activité littéraire ».

Consultez, relativement aux *Études sur la Prusse :* — *Ami du soldat autrichien* de Vienne, 6 mai 1854; — *Gazette de la Landwehr prussienne,* 1854, p. 606; — *Feuille centrale de littérature* de Leipzig, 1854, n° 30; — *Spectateur militaire,* 1er juin 1854; — *Revue des Deux-Mondes,* 15 novembre 1854; — *Feuille pour l'art militaire* de Darmstadt, 1857, p. 108; — *Gazette militaire de Vienne,* 1856, p. 687; — *Gazette militaire universelle* de Darmstadt, 1857, p. 102; — *Spectateur militaire* de Londres, 20 février 1858.

11. Commentaires sur le traité de la guerre de Clausewitz, par Éd. DE LA BARRE DUPARCQ, professeur d'art militaire à l'École de Saint-Cyr. 1 volume in-8°, 1853.. 7 fr. 50 c.

L'auteur a pour but principal de faire connaître au lecteur français l'œuvre remarquable de *Clausewitz,* ce célèbre directeur de l'*École générale de la guerre* instituée à Berlin. Il la suit pas à pas dans son étendue, et donne, pour chacun des huit livres dont elle se compose, une *analyse* et un *commentaire.* Dans ce commentaire, qui comprend pour tout le traité plus de 150 observations, il explique ou développe certaines parties du texte, en critique quelques-unes, ou relève des appréciations historiques inexactes relatives à la France. Son ouvrage facilite l'étude de l'œuvre de Clausewitz et en forme le corollaire indispensable.

12. De la fortification à l'usage des gens du monde, par Éd. DE LA BARRE DUPARCQ, ancien élève de l'École polytechnique. Brochure in-8° , avec une planche, 1844........................ .... 2 fr. 50 c.

L'auteur s'adresse exclusivement aux gens du monde et les initie, en peu de mots, aux principes essentiels de la fortification, dont il dissimule la sécheresse et l'aridité sous des détails historiques destinés à rattacher des notions nouvelles à des notions acquises. Son écrit est un petit *Traité de fortification* mis à la portée de tous, et

rédigé en parfaite connaissance de cause ; aussi le *Moniteur univer-*
sel a pu dire avec raison dans son numéro du 16 avril 1844 : « Malgré
son peu d'étendue, cet opuscule n'est point un ouvrage éphémère ;
c'est plus qu'un grand ouvrage, c'est un ouvrage bien fait. » Il a
pour but de populariser la fortification.

Consultez l'*Écho de l'Oise* des 6, 13 et 20 février 1845.

**13. Biographie et maximes de Blaise de Mont-
luc,** par Éd. DE LA BARRE DUPARCQ, capitaine du génie.
Brochure in-8°, 1848. . . . . 2 fr. 50 c.

L'auteur, après avoir tracé à grands traits la carrière si pittoresque
du bouillant Montluc, termine son travail par un recueil de 70 maximes extraites des *Commentaires*. On ne connaissait jusqu'à présent
le maréchal de Montluc que sous le triple aspect de guerrier intré-
pide, de fanfaron incorrigible et de catholique impitoyable. On
appréciera dorénavant, grâce à la brochure que nous annonçons,
sa grandeur de vue et son bon sens.

Suivant la *Gazette militaire universelle* de Darmstadt (n° du 7
novembre 1850), « cette petite brochure, pour le fond et la forme,
est un excellent modèle de semblables esquisses biographiques. »
M. *Sainte-Beuve* la déclare, dans le *Moniteur universel* (16 octobre 1854) et dans ses *Causeries du lundi* (tome XI): « un travail
fort bien fait et très-précis. »

Voyez le compte rendu du *Journal des sciences militaires*, décembre 1848.

**14. Utilité d'une édition des œuvres complètes
de Vauban,** par le capitaine du génie ÉD. DE LA BARRE
DUPARCQ, ancien élève de l'École polytechnique. Brochure
in-8°, 1848. . . . . 2 fr. 50 c.

Cet opuscule a pour but de démontrer les titres de Vauban à
l'honneur d'une édition de ses *œuvres complètes* publiée aux frais
de l'État. Il est divisé en cinq paragraphes : — § 1er. Points saillants
de la biographie de Vauban ; — § 2. Manuscrits laissés par Vauban ; — § 3. Bibliographie des ouvrages de Vauban déjà publiés ; —
§ 4. Esquisse d'une appréciation scientifique et littéraire de Vauban ; — § 5. D'une édition des œuvres complètes de Vauban. —
Mode de publication.

Voyez le *Journal des sciences militaires*, décembre 1848.

15. Le plus grand homme de guerre, dissertation historique, par ÉD. DE LA BARRE DUPARCQ. Brochure in-8°, 1848 . . . . 4 fr.

L'auteur de ce travail retrace d'une manière souvent piquante et originale les exploits des dix guerriers les plus célèbres : Alexandre le Grand, Hannibal, Jules César, Charlemagne, Gengis-Khan, Tamerlan, Gustave-Adolphe, Turenne, Frédéric II, Napoléon : il compare ensuite les différents genres de mérite de ces généraux illustres de tous les temps, et finit par indiquer dans sa conclusion quel est celui d'entre eux qui lui paraît le plus grand. Cette conclusion forme le point capital de l'ouvrage. *Le plus grand homme de guerre* est d'une lecture fort attachante.

Consultez : *Gazette militaire universelle* de Darmstadt, 1849, n° 78 ; — *Journal des armes spéciales,* février 1850.

16. Considérations sur l'art militaire antique et sur l'utilité de son étude, par ÉD. DE LA BARRE DUPARCQ, capitaine du génie. Brochure in-8°, 1849... 2 fr. 50 c.

On rencontre dans les *Considérations sur l'art militaire antique* une érudition contenue, un jugement net, un style rapide, qualités dont l'auteur a déjà fait preuve dans ses précédentes brochures ; nous allions presque ajouter : et de la verve, comme si le sérieux d'un pareil programme permettait d'en développer. Voici le sommaire de ce programme :

Préliminaires. — Considérations générales. — § 1er. Stratégie ou Art du général. — § 2e. Infanterie. Premiers peuples, Grecs, Romains, comparaison de la légion et de la phalange, influence du bouclier. — § 3e. *Cavalerie.* Chars de guerre, cavalerie sur animaux, observations. — § 4e *Artillerie.* Machines de jet, observations, ponts. — § 4e *Génie.* Fortification permanente, attaque des places, défense des places, observations, fortification de campagne. — *Résumé.*

Reportez-vous aux n°s 5 et 26 de cette *Notice.*

Consultez : *Journal des sciences militaires,* mai 1849 ; — *Gazette militaire universelle* de Darmstadt, 15 et 17 novembre 1849.

17. De la création d'une bibliothèque militaire

publique, par Éd. DE LA BARRE DUPARCQ. Brochure
in-8°, 1849.............................. 2 fr.

L'auteur opine dans cet opuscule pour la nécessité de créer à
Paris une bibliothèque militaire publique, à cause de l'insuffisance
réelle des bibliothèques existantes sous le double rapport de l'art et
de l'histoire militaires. Il expose son projet au point de vue du
matériel et du personnel de l'établissement proposé, et indique les
dépenses probables qui en seraient la suite. Relativement aux livres
devant composer la bibliothèqne en question, il divise la science
militaire en quatorze groupes, classification qui mérite attention.

Consultez : *Gazette militaire universelle* de Darmstadt, 30 novembre 1850.

18. Biographie et maximes de Maurice de Saxe,
par Éd. DE LA BARRE DUPARCQ. Brochure in-8°, 1851. 5 fr.

Ce travail montre la connaissance approfondie de l'histoire,
jointe au choix des détails et à l'habileté de plume. On trouve au
bas des pages l'indication des sources où l'écrivain a puisé : elles
prouvent l'exactitude des détails militaires du texte dont plusieurs
sont inédits. Le recueil des maximes annexé à la biographie du
maréchal de Saxe fait voir qu'il y avait de la sagacité et du sens
pratique chez cet illustre guerrier.

19. Histoire sommaire de l'infanterie, par Éd. DE
LA BARRE DUPARCQ. Brochure in-8°, avec fig., 1853. 2 fr.

M. *de la Barre Duparcq* a résolu dans cet écrit le problème
difficile de renfermer en un petit nombre de pages l'histoire de
l'infanterie, et y est parvenu par une manière nouvelle et métho-
dique de présenter ce sujet; de curieuses figures enrichissent le
texte.

Consultez : la *Gazette de littérature militaire* de Berlin, 1854,
2ᵉ cahier, p. 85; — l'*Ami du soldat autrichien* de Vienne, nᵒ du
15 avril 1854; — la *Gazette militaire universelle* de Darmstadt, nᵒ du
26 septembre 1854.

**20. Lettre sur la nécessité de l'étude des scien-
ces et des arts dans la profession militaire,**

par Éd. DE LA BARRE DUPARCQ, capitaine du génie. Brochure in-8°, 1854.......................... 2 fr.

Cette lettre se trouve à la portée de tout le monde, car l'auteur établit sa thèse uniquement à l'aide de considérations générales.

21. Remarques sur les relations des langues militaires française, allemande, espagnole,

par Éd. DE LA BARRE DUPARCQ. Brochure in-8°, 1855. 2 fr.

Dans ces *Remarques*, M. *de la Barre Duparcq* cherche à démontrer que les langues militaires de l'Espagne et de l'Allemagne renferment des traces nombreuses de l'influence française, et que l'étude de ces langues étrangères offre par suite aux officiers français moins d'obstacles qu'on ne le pense généralement.

22. Des sources bibliographiques militaires,

par le capitaine Éd. DE LA BARRE DUPARCQ, professeur d'art militaire à l'École de Saint-Cyr. Brochure in-8°, 1856........................... .. .. 2 fr.

Ce petit écrit indique les journaux, recueils, ouvrages que l'on peut utiliser comme sources de bibliographie pour l'art militaire ; il a pour but spécial de répondre à cette question souvent posée : « Comment faut-il s'y prendre pour connaître les publications qui existent en France et à l'étranger sur un sujet donné ? »

Consultez : *Nouvel Indicateur pour la bibliographie et la science du bibliothécaire* de Dresde, cahiers de septembre et octobre 1857 (articles de M. le Dr Julius Petzholdt, de la Bibliothèque royale).

23. Notice sur l'Académie militaire de Bréda,

par Éd. DE LA BARRE DUPARCQ, chef de bataillon du génie, directeur des études à l'École de Saint-Cyr. Brochure in-8°, 1863........................... ...... 1 fr. 50 c.

II. OUVRAGES TRADUITS DE L'ALLEMAND

24. Principes de la grande guerre, suivis d'exemples tactiques raisonnés de leur application, par le prince CHARLES D'AUTRICHE, ouvrage traduit de l'allemand par Éd. DE LA BARRE DUPARCQ. 1 beau volume in-folio, avec 25 grands plans coloriés, 1851 . . . . 125 fr.

Il n'avait pas encore paru de traduction française des *Principes de la grande guerre*, qui forment cependant le travail le plus curieux de l'archiduc Charles. M. *Éd. de la Barre Duparcq* a voulu combler cette lacune et a produit un travail fidèle, élégant, digne d'estime. Nous citerons comme preuve l'attention élogieuse que son apparition a excitée à Vienne et en Italie.

Consultez aussi le *Moniteur de l'armée* des 11, 16, 21 juillet 1852; — la *Revue militaire* de Londres (rédigée par le capitaine Shrapnels) du 10 juillet 1852; — le *Moniteur universel* du 25 septembre 1856 (article de M. A. Launoy); — le *Journal des armes spéciales* du 1er semestre 1857.

25. Histoire de la fortification permanente, ou *Manuel des meilleurs systèmes et manières de fortification*, par A. DE ZASTROW. Troisième édition, traduite de l'allemand par Éd. DE LA BARRE DUPARCQ. 2 volumes in-8° et 1 atlas in-folio de 20 planches, 1856 . . . . 25 fr.

L'*Histoire de la fortification permanente*, l'un des meilleurs ouvrages récemment écrits en Allemagne sur la fortification, possède une réputation méritée. Les prédilections franchement déclarées de l'auteur pour les projets de Montalembert font en quelque sorte de son livre le catéchisme de l'École allemande et l'adversaire acharné de l'École française. Néanmoins, les ingénieurs français eux-mêmes trouveront dans ce traité une foule de notions utiles et instructives.

Dans la présente édition, après avoir traité comme précédemment des fortifications italienne, allemande, hollandaise, française, après avoir consacré un cinquième de son ouvrage à l'exposition des systèmes de Montalembert, M. le général *de Zastrow* répond en détail à plusieurs critiques de M. *Maurice de Sellon*, officier du génie au service de la Confédération helvétique, et aborde, en un chapitre nouveau, les ingénieurs français du xix° siècle, y compris *Haxo* et *Choumara*. Il termine par deux chapitres, de rédaction récente, qui offrent des *Remarques sur les constructions de fortification exécutées en France depuis 1830, en Allemagne depuis 1815.* Ces trois chapitres font de la troisième édition de son œuvre un livre presque nouveau, très-curieux à coup sûr, qui développe l'histoire complète de la fortification depuis son origine jusques et y compris le milieu du xix° siécle.

Consultez : *Journal des sciences militaires*, juin 1849; — *Gazette de littérature militaire* de Berlin, 1855, 1er cahier, p. 29.

26. Histoire de l'art militaire chez les anciens, par le major prussien F. DE CIRIACY, ouvrage traduit de l'allemand et annoté par Éd. DE LA BARRE DUPARCQ. 1 volume in-8°, 1854...................... **7 fr. 50**

Cet intéressant ouvrage émane d'un auteur qui, lorsqu'il fut prématurément enlevé aux sciences militaires, avait déjà sa réputation faite. Certains juges compétents préfèrent l'*Histoire de l'art militaire chez les anciens* aux traités de Carrion-Nisas et de Rocquancourt. Le traducteur a complété cette histoire par un grand nombre de notes.

Reportez-vous aux n°ˢ 5 et 16 de cette *Notice*.

27. Esquisse historique de l'art de la fortification permanente, par LOUIS BLESSON, major du génie prussien, traduit de l'allemand par Éd. DE LA BARRE DUPARCQ, capitaine du génie. Brochure in-8°, avec 1 planche, 1849............................. **5 fr.**

La présente traduction, dans l'esprit de M. *Éd. de la Barre Duparcq*, forme un corollaire de sa traduction de l'*Histoire de la fortification permanente* de M. *A. de Zastrow*. M. *Louis Blesson* s'avoue en effet partisan du tracé bastionné et promet aux principes de Vauban une durée presque éternelle, tandis que M. *de Zastrow* considère les systèmes de Montalembert comme les seuls admissibles aujourd'hui; en lisant et en comparant les ouvrages de ces deux officiers prussiens, que le traducteur met à sa portée, le lecteur français peut juger en connaissance de cause. M. le major

Louis Blesson, ancien directeur de la *Gazette de littérature militaire* de Berlin, et dont les lettres déplorent la perte récente, jouissait comme écrivain militaire d'une réputation européenne et méritait depuis longtemps l'honneur d'être traduit en français. Cette traduction de M. le commandant *Éd. de la Barre Duparcq* prouve, au dire même des officiers prussiens, sa parfaite connaissance de la langue allemande.

28. Les armées des puissances directement ou indirectement engagées dans la question d'Orient, statistiques militaires par UN OFFICIER ALLEMAND. Traduit par Éd. DE LA BARRE DUPARCQ. Brochure in-8°, 1855 . . . . 4 fr.

Cette brochure donne la statistique militaire de la Russie, de la Turquie, de la Grèce, de l'Angleterre, de la France, de l'Autriche, de la Prusse, de la Confédération germanique, de la Suède, du Danemarck, de la Belgique, de la Hollande, de la Sardaigne, et une appréciation comparative (fort curieuse et presque prophétique) des armées des grandes puissances ; elle est le document le plus récent et le plus exact sur l'ensemble des forces militaires de l'Europe. Le traducteur a rectifié divers passages, notamment pour la France. Sa traduction a été traduite elle-même en italien et insérée presque entière par M. le capitaine *Antonio Fabri* dans le tome Ier de son *Compendio di statistica militare*, paru à Naples en 1858.

Voyez : *l'Ami du soldat autrichien,* 1854, p. 831 ; — le *Spectateur militaire* des 15 janvier et 15 février 1855 ; — la *Gazette de littérature militaire* de Berlin, 1855, 7° cahier ; — *Revue des Deux-Mondes*, 15 décembre 1855.

29. De la fortification et de la défense des grandes places, par C.-A. WITTICH, major de l'artillerie prussienne, actuellement colonel directeur de l'École de l'artillerie et du génie à Berlin, traduit de l'allemand par Éd. DE LA BARRE DUPARCQ, capitaine du génie. Brochure in-8°, avec 1 plan, 1847 . . . . 4 fr.

Sous ce titre, l'auteur publie réellement un *nouveau système de fortification*, et comme le dit fort bien le traducteur, dans son *Avertissement* : « On doit accorder plus d'attention aux méthodes récemment publiées. Les inventions en effet appartiennent en général moins à un homme qu'à une époque dont elles mettent au jour l'opinion tacite [1]. » Le système de M. *C.-A. Wittich* repose sur ce principe : *procurer et conserver à l'artillerie de la défense la supériorité sur celle de l'attaque;* il est digne des méditations des officiers de l'artillerie et du génie.

Consultez : *Journal des sciences militaires,* janvier 1848.

30. Description d'une éprouvette portative, inventée par le général baron DE ZOLLER, commandant en chef du corps de l'artillerie bavaroise, traduit de l'allemand par Éd. DE LA BARRE DUPARCQ. Brochure in-8º, avec 5 planches, 1849 .... 4 fr.

L'éprouvette décrite dans cet opuscule diffère beaucoup comme théorie de celles exécutées jusqu'à ce jour; le nom de son auteur la recommande, puisque M. *de Zoller,* né en France, est l'inventeur d'un système d'artillerie de campagne adopté en Bavière.

III. OUVRAGES TRADUITS DE L'ESPAGNOL

31. Théorie analytique de la fortification permanente. Mémoire présenté à S. E. l'ingénieur général, par don JOSE HERRERA GARCIA, colonel d'infanterie et lieutenant-colonel des ingénieurs. Traduit de l'espagnol par Éd. DE LA BARRE DUPARCQ. 1 volume in-8º et 1 atlas in-4º de 9 planches, 1847.................. ...... 15 fr.

L'auteur de ce mémoire, dont la réputation a grandi depuis 1847 par la publication de travaux importants, passe en revue les principaux systèmes bastionnés et les juge avec une grande sagacité. Il cite ensuite un système de son invention, qu'il a fait connaître

[1] La *Revue militaire* de Londres (10 juillet 1852) a pris cette réflexion pour épigraphe de son premier et intéressant article sur la découverte de la poudre.

dès 1838, et termine par son second *système* composé de trois lignes d'ouvrages isolés.

Consultez : *Journal des sciences militaires,* janvier 1848.

32. Capitaines anciens et modernes, par le lieutenant général (depuis maréchal) don EVARISTO SAN MIGUEL, traduit de l'espagnol par Éd. DE LA BARRE DUPARCQ, capitaine du génie. Brochure in-8°, 1848............ 2 fr.

Ce petit écrit, dû à un homme mis en relief par la politique, membre d'ailleurs de plusieurs académies, renferme d'ingénieuses considérations sur l'art de commander les armées chez les anciens et chez les modernes et un brillant parallèle entre César et Napoléon. Il se distingue par la concision du style, la netteté des idées et pleine justice rendue à Napoléon.

33. Utilité d'écrire l'histoire des régiments de l'armée, opuscule suivi de l'HISTOIRE DU RÉGIMENT DE JAËN, par le lieutenant général comte DE CLONARD, traduit de l'espagnol par Éd. DE LA BARRE DUPARCQ. Brochure in-8°, 1851...................... ...... 4 fr.

M. le comte *de Clonard,* conseiller d'État et membre de l'Académie royale d'histoire, travaille depuis plus de vingt-cinq ans à une histoire de l'armée espagnole ; l'opuscule que nous annonçons forme le prélude de son grand travail. Cet écrit offre de l'intérêt en France, où l'on s'est occupé, à plusieurs reprises, d'écrire l'histoire des régiments ; il se recommande par son exactitude historique, sa manière de présenter les faits, son style nerveux et rapide. M. *de la Barre Duparcq,* bien au courant des finesses de l'idiome castillan, a mis le plus grand soin à faire cette traduction, dont l'auteur s'est plu à constater lui-même la fidélité et l'élégance.

www.ingramcontent.com/pod-product-compliance
Ingram Content Group UK Ltd.
Pitfield, Milton Keynes, MK11 3LW, UK
UKHW022208070726
13613UKWH00004B/1534